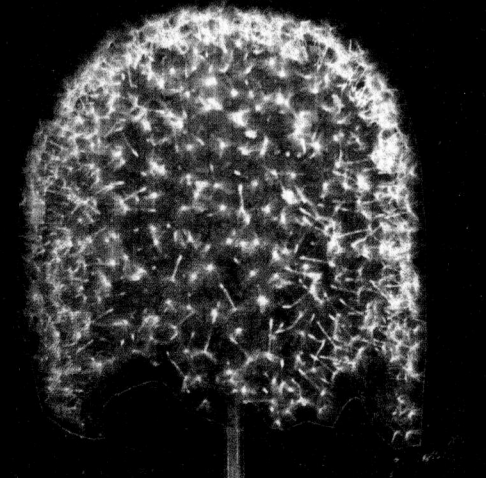
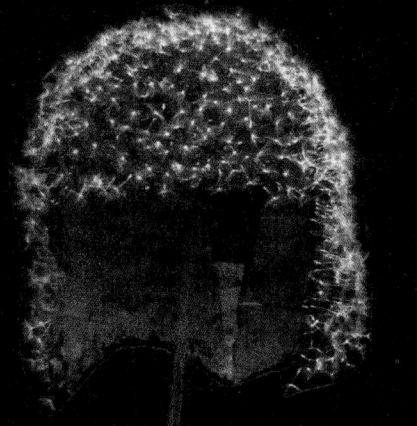

Friedl Hofbauer GEDULD BRINGT FRÖSCHE
Erzählungen und Gedichte
Illustriert von Linda Wolfsgruber
© ISBN 978 3 85252 655 3
Verlag *publication* PN°1 Bibliothek der Provinz
A-3970 WEITRA 02856/3794
printed in Austria by Druckerei Janetschek, A-3860 Heidenreichstein

Friedl Hofbauer
Geduld bringt Frösche
Erzählungen und Gedichte

Illustriert von Linda Wolfsgruber

Inhalt

Der Zauberer in der Nuss

Forelle und Libelle

Das Loch im Garten

Wie der Max es war

Eine kleine Löwenzahngeschichte

Schilfvogel

Fridolin im Heu

Wie und warum man einen Holzwurm vor der Vertilgung bewahrt

Der fremde Vogel Tukan

Der Zauberer in der Nuss

Es war eine Nuss, die wollte sich nicht knacken lassen. Sie war eine ganz gewöhnliche Nuss, nur dass neben dem Nusskern ein kleiner Zauberer schlief. Kein Nussknacker und überhaupt niemand konnte die Nuss öffnen, solange der kleine Zauberer darin schlief. Da nahm der kleine Jakob die Nuss und wollte sie aufbeißen. Aber er biss sich nur einen Milchzahn aus. Nun legte die Mutter die Nuss aufs Fensterbrett und sagte: »Vielleicht holt sie ein Eichhörnchen.« Es kam auch eins, aber auch das Eichhörnchen konnte die Nuss nicht aufkriegen. Da ließ es sie fallen, und nun lag die Nuss unten in Laub und Moos. Und es schneite. Und der kleine Zauberer schlief noch immer.

Dann kam der Frühling, der Schnee schmolz und der Frühlingsregen klopfte an der Nuss. Der Nusskern fing an sich zu recken. »Gib Ruh«, murmelte der kleine Zauberer im Schlaf. Aber der Frühlingsregen klopfte und klopfte. Endlich öffnete der kleine Zauberer die Nuss einen Spaltbreit und guckte hinaus. »Musst du ausgerechnet in einer Nuss schlafen?«, fragte der Frühlingsregen. »Merkst du nicht, dass der Nusskern sich streckt und ein Nussbaum werden will?«

»Bitte um Entschuldigung«, sagte der kleine Zauberer. »Daran hab ich nicht gedacht.« Und er schlüpfte aus der Nuss und kroch in das nächste leere Vogelnest. Dort rollte er sich zusammen und schlief wieder ein.

FORELLE UND LIBELLE

Manchmal haben die Dotterblumen am Bach Gesichter.
Dann sagen sie: »Schau, die Libelle!«
Dann sagen sie: »Schau, die Forelle!«
Dann sagen sie: »Forelle und Libelle reimen sich!«

Darauf sage ich: »Sie reimen sich und fressen alle beide Mücken.
Das ist doch nicht schwer!«

Da haben die Dotterblumen
plötzlich keine Gesichter mehr
und lassen sich pflücken.

Das Loch im Garten

Hinten im Garten war ein großes Loch. Das Loch war kreisrund und so tief, dass vielleicht ein kleiner Elefant darin hätte baden können. Das hatte der Großvater Oliver einmal erzählt, sonst hätte der von dem Loch gar nichts gewusst. Es war angefüllt mit Bauschutt und leeren Flaschen, Dosen und allerhand Gerümpel.

Oliver musste immer wieder an das Loch denken, in dem ein kleiner Elefant hätte baden können. Er saß oft hinten im Garten und schaute auf den Müll.

»Ich will das Loch sehen«, sagte Oliver eines Tages zu seinem Großvater. »Machen wir es wieder auf!«

Der Großvater wurde nachdenklich. »Eine Bombe hat es gemacht. Es war ein hässliches Loch«, sagte er. »Lassen wir es lieber zu!«

Eines Tages aber, als im Nachbargarten ein kleiner gelber Bagger stand, um dort einen Swimmingpool auszubaggern, ging der Großvater zu dem Nachbarn hinüber, und bald stand der kleine gelbe Bagger vor dem Gerümpel hinten im Garten und baggerte das Loch wieder frei. Und da lag es nun.

»Kriegen wir jetzt auch einen Swimmingpool?«, fragte Oliver. Von dem Elefanten sagte er nichts. Er wusste ja, dass man kleine Elefanten nicht so leicht bekommt.

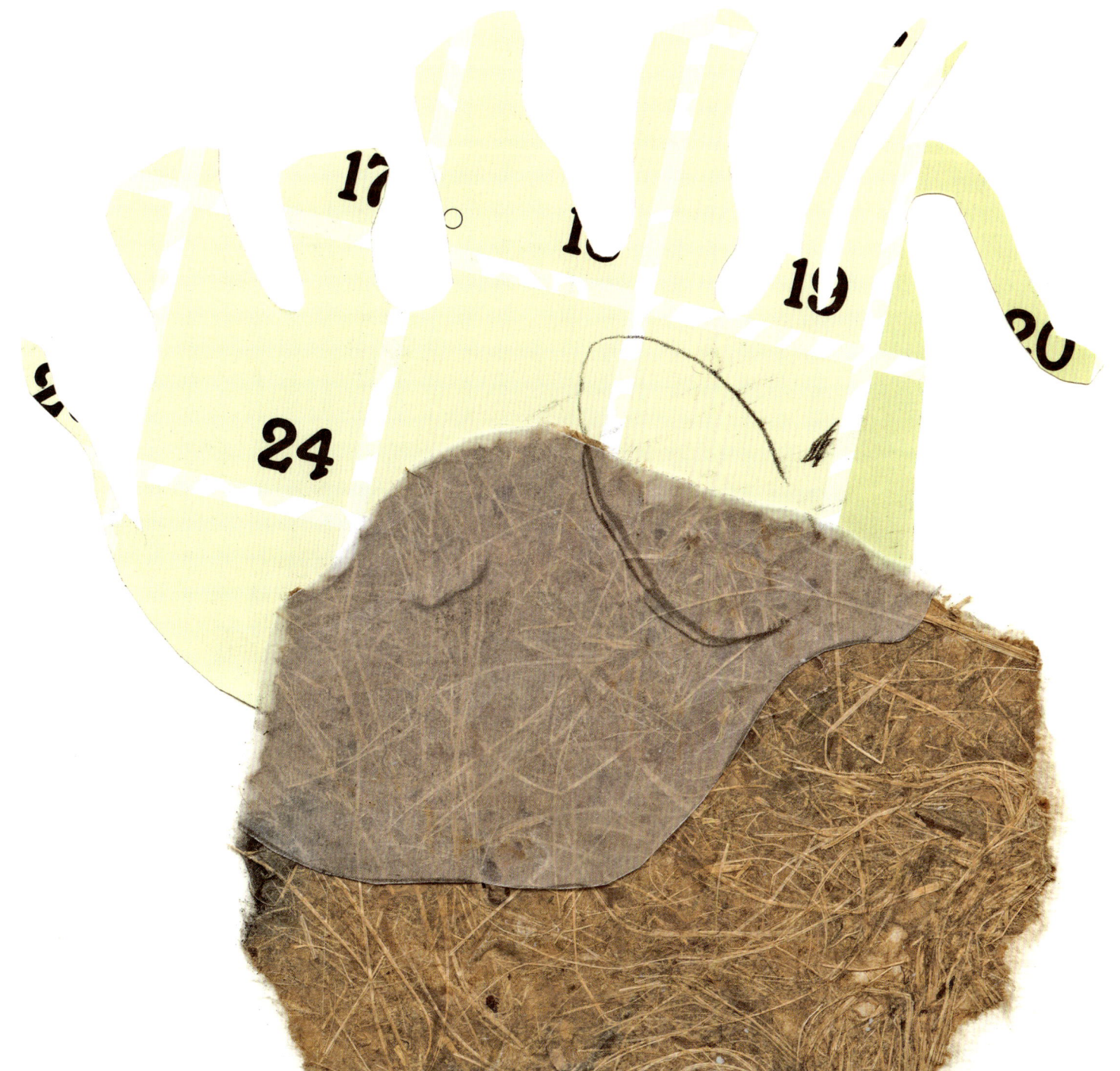

»Wir kriegen etwas anderes«, sagte der Großvater.

»Was denn?«, fragte Oliver.

»Du musst Geduld haben«, sagte der Großvater. »Dann wirst du es selber merken.«

Eine Weile unterhielt sich Oliver damit, in dem Loch auf- und abzuklettern. Manchmal fand er Glasscherben oder eine Schraube, einmal ein Sesselbein. Dann war in dem Loch nichts mehr als Erde und Steine und da und dort eine Wurzel.

Dann, eines Tages, fing es zu regnen an, und das Loch wurde nass. Es regnete lange, und unten im Loch bildete sich eine kleine Pfütze. Der Großvater und Oliver gingen die Pfütze anschauen.

»Das ist noch zu wenig«, sagte Oliver. »Darin kann er noch nicht baden!«

»Wer denn?«, fragte der Großvater.

»Der kleine Elefant«, sagte Oliver.

Nach ein paar Tagen Sonnenschein war die Pfütze wieder fort. »Können wir es nicht mit dem Gartenschlauch anfüllen?«, fragte Oliver.

»Wir können schon«, sagte der Großvater. »Aber Geduld haben ist besser. Geduld bringt Rosen.«

Im Herbst regnete es viel mehr, und die kleine Pfütze unten im Loch kam wieder und blieb. »Weil die Erde lehmig ist«, sagte der Großvater. »Da kann das Wasser nicht so leicht abrinnen.« Und der Wind wehte Blätter in die Pfütze, die deckten das Wasser zu. Aber es war trotzdem da. Oliver merkte es, als er hinunterkletterte. Er kam mit Schuhen voll Wasser wieder herauf.

»Stör unseren Teich nicht«, sagte der Großvater.

»Wird das unser Teich?«

»Vielleicht.«

Es schneite, und das Loch wurde zugeschneit, und im Frühjahr war schon mehr Wasser im Teich. Und damit er nicht so bald wieder austrocknete, half der Großvater ihm manchmal mit dem Gartenschlauch. Der Teich war dankbar. Er war noch klein, aber er blieb.

Schön war er nicht. Er sah aus wie eine dreckige große Pfütze. Nebenan lachte der Swimmingpool des Nachbarn kristallblau herüber. Olivers Teich war dunkel und fing an, grauslich zu riechen. Faulige Blätter schwammen obenauf und dunkle, kleine Algen.

»Pfui!«, sagte Oliver.

»Geduld bringt Rosen!«, sagte der Großvater.

Eines Tages erwischte er Oliver dabei, wie er den Teich sauber machte. Oliver wühlte im Schlamm und warf faulige Blätter und Algen hinauf auf das Teichufer.

»Du machst unseren Teich kaputt!«, sagte der Großvater. »In den Algen wohnen kleine Lebewesen. Die müssen sein. Sonst wird unser Teich nie ein wirklicher Teich!« Da warf Oliver das faulige Schlammzeug wieder hinein.

Der Teich wurde älter. Er wurde größer. Er roch nicht mehr so grauslich. An seinen Rändern wuchsen Binsen und ein wenig Schilf und allerhand Kräuter und Gräser, die der Wind als Samen hergetragen hatte. Auch Wasserpflanzen wuchsen, die das Wasser sauber hielten. Eines Tages war eine Libelle da und dann eine zweite. Der Teich war jetzt schon so groß, dass ein kleiner Elefant drin hätte baden können. Aber das wollte Oliver jetzt gar nicht mehr.

»Ein Elefant verscheucht uns die Libellen«, sagte er. »Aber ein Frosch soll kommen!«

Der Nachbar blickte über den Zaun und sagte: »Das wird ja ein kleines Paradies! Wer hätte das gedacht! Aber wenn du Frösche haben willst, musst du Kaulquappen fangen und sie drin aussetzen. Aus Kaulquappen werden Frösche.«

Oliver und der Großvater gingen Kaulquappen fangen und setzten sie in den Teich, und es wurden Frösche draus.

Aber eines Tages waren die Frösche wieder fort.

»Ich habe es mir gleich gedacht«, sagte der Großvater. »Wenn die Frösche Eier legen wollen, kehren sie dorthin zurück, wo sie zur Welt gekommen sind.

Aber bis zum nächsten Teich müssen sie über ein paar Asphaltstraßen hüpfen. Hoffentlich fährt sie kein Auto tot!«

Die Frösche kamen nicht wieder. Oliver weinte. »Vielleicht sind sie bloß zu Hause geblieben in ihrem alten Teich«, sagte er dann.

»Hoffentlich«, sagte der Großvater.

Eines Tages kam eine wilde Ente geflogen und ruhte sich auf dem Teich im Garten aus. Es war schon ein richtiger Teich mit Wasserpflanzen und Schilf, ein paar Wasserspinnen und allerhand Getier. Und Schmetterlinge gab es auch. Oliver fütterte die Ente, aber sie flog nach ein paar Tagen wieder fort.

»Wenn wir Glück haben, gibt es doch noch Frösche in unserem Teich«, sagte der Großvater.

Sie hatten Glück. Die Ente hatte auf ihrem Gefieder den Laich, die Froscheier, von einem fremden Teich in Olivers Teich gebracht. Jetzt kamen in Olivers Teich kleine Frösche aus den Eiern, und es wurde ihr Heimatteich, weil sie ja da zur Welt gekommen waren. Und sie zogen nie wieder fort und quakten fröhlich.

»Geduld bringt Rosen«, sagte der Großvater.

»Geduld bringt Frösche«, sagte Oliver.

WIE DER MAX ES WAR

Max ist es gar nicht gewesen, aber der Blumentopf lag auf der Erde in Scherben, und zwei Blüten waren abgebrochen.

»Wer war das?«, fragte die Mutter.

»Ich!«, sagte Max. Er betrachtete das Muster auf dem Teppich und schielte nach der Katze. Die Katze saß auf dem Polstersessel und gähnte.

»Die Katze war es!«, sagte die Mutter. »Immer wenn die Katze etwas angestellt hat, gähnt sie. Die Katze muss aus dem Haus. Sie macht nichts als Unfug.«

»Ich war es«, sagte Max, »ich bin gelaufen, da bin ich ausgerutscht. Ich wollte mich an dem Blumentopf anhalten, aber ich bin doch hingefallen.«

»So, so«, sagte die Mutter. »Du wolltest dich am Blumentopf anhalten. Was es so alles gibt. Hol bitte Besen und Schaufel und kehr den Blumentopf weg.«

Mäxchen kehrte die Scherben auf die Schaufel. Aus dem Keller holte er einen unzerbrochenen Topf und setzte die Pflanze wieder ein. Dann holte er Wasser in einer kleinen Kanne und goss die Pflanze.

Am Abend fand die Mutter weit entfernt vom Blumentopf in der anderen Zimmerecke eine kleine Pfütze auf dem Fußboden.

»Der Dackel muss aus dem Haus«, sagte die Mutter. »Der Dackel wird nie zimmerrein werden!«

»Ich war es«, sagte Max, »ich habe die Kanne beim Blumengießen geschwenkt. Und da ist mir die Kanne aus der Hand geflogen.«

»Ach«, sagte die Mutter, »ich wusste gar nicht, dass Gießkannen fliegen können. Wer holt jetzt ein Wischtuch und wischt den nassen Fleck auf?«

Mäxchen holte das Wischtuch und wischte den nassen Fleck auf. Der Dackel saß daneben und wedelte mit dem Schwanz.

An diesem Abend las Mäxchen noch lange im Bett. Als die Mutter spät nachschauen kam, schlief er fest und die Bettlampe brannte immer noch. Die Mutter knipste das Licht aus und lächelte. Am nächsten Morgen sagte sie zu Mäxchen: »Jemand hat heute Nacht die Bettlampe in deinem Zimmer brennen lassen. Wer kann das bloß gewesen sein?«

»Ich war's nicht!«, antwortete Max. »Ich weiß das genau, ich bin gestern sehr bald eingeschlafen. Es kann nur die Katze gewesen sein. Oder der Dackel.«

Und diesmal glaubte ihm die Mutter aufs Wort.

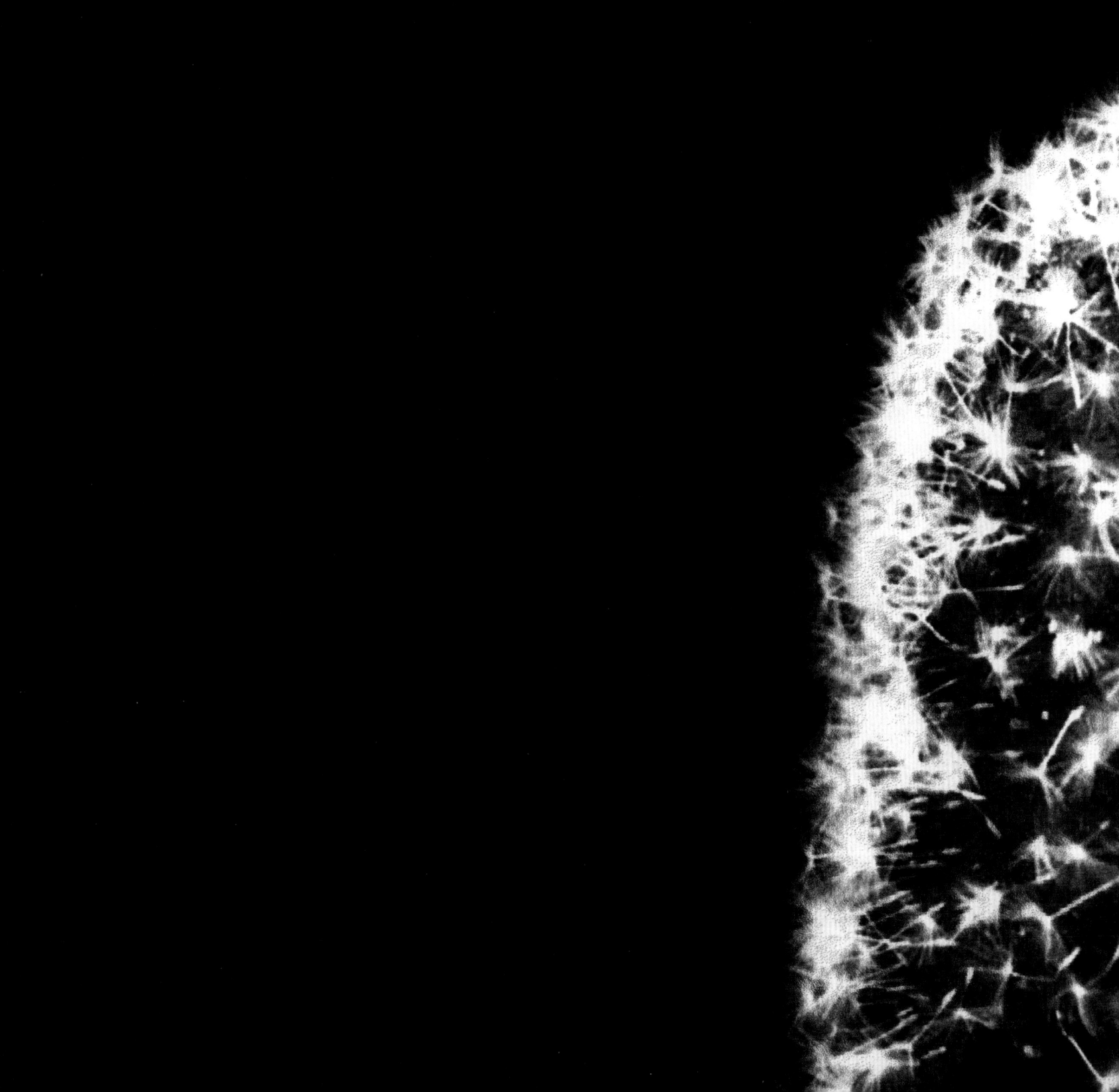

Eine kleine Löwenzahngeschichte

Es war einmal im Mai eine Löwenzahnblüte, zu der kam ein kleiner Junge und pflückte sie ab. Der kleine Junge trug die Löwenzahnblüte nach Hause und schenkte sie seiner Mutter. Die Mutter stellte die Löwenzahnblüte in ein Glas voll Wasser, und das Glas stellte sie auf den Tisch.

Dann kam das Mittagessen auf den Tisch, und die Löwenzahnblüte leuchtete gelb zwischen der Salatschüssel und der Schüssel mit den Kartoffeln und dem Teller mit den gebratenen Wurstscheiben und dem Brotkörbchen.

Nach dem Essen deckte die Mutter den Tisch ab, und weil sie die Brösel aus dem Tischtuch beuteln wollte, stellte sie das Glas mit der Löwenzahnblüte auf das kleine Schränkchen. Die Katze sprang auf das kleine Schränkchen und schnupperte an der Löwenzahnblüte. Manche Katzen fressen gern Gras, das ist gut für die katzische Verdauung. Diese Katze aber wollte auch Löwenzahn kosten.

»Wirst du das lassen!«, rief die Mutter. Sie nahm das Glas mit der Löwenzahnblüte und stellte es auf den großen Schrank ganz oben hinauf. Dann ging sie das Tischtuch ausbeuteln. Als sie damit zurückkam, läutete das Telefon. Als die Mutter vom Telefon zurückkam und das Tischtuch wieder über den Tisch breitete, hatte sie die Löwenzahnblüte oben auf dem Schrank vergessen.

Gegen Abend faltete die Löwenzahnblüte oben auf dem Schrank ihren strahlenden Blütenkopf zum Schlafen zusammen. Ein zusammengefalteter Löwenzahnkopf sieht aus wie eine grünbraune, ruppige Knospe. Wenn so etwas oben auf einem Schrank steht, bemerkt man es von unten gar nicht.

Mit dem nächsten Tag begann das Wochenende, und als der Löwenzahn tagsüber seine Blüte auftat, war kein Mensch da, um ihn zu bewundern. Und als die Familie Sonntagabend wiederkam, da war der Löwenzahn müde geworden. Er hatte zu welken begonnen und leuchtete nicht mehr. Und so vergaß man ihn.

Eines Tages staubte die Mutter den Schrank oben ab und fand den verwelkten Löwenzahn. Hätte in diesem Augenblick nicht jemand an der Tür geläutet, die Mutter hätte das Glas mit dem verwelkten Blütenköpfchen mit heruntergenommen und den Löwenzahn fortgeworfen und das Glas ausgewaschen und zurückgestellt. So aber kletterte sie nur rasch vom Stuhl, lief zur Tür, und da war der Briefträger und brachte eine Menge Post. Und da las sie die Post und vergaß den Löwenzahn wieder.

Und keiner dachte mehr an ihn.

Der Löwenzahn aber begann sich wunderlich zu wandeln. Die welken Blättchen schrumpelten. Aus dem trockenen Löwenzahn wuchsen zarte, feine Stiele hervor, vielleicht hundert oder noch mehr. Und jeder zarte, feine Stiel, silbergraubraun war er, jeder solche kleine, zarte Stiel klappte ein Schirmchen auf: ein zartes Löwenzahnschirmchen. Jetzt sah der Löwenzahn überhaupt nicht mehr verwelkt aus. Er hatte einen runden Kugelkopf, rund wie ein silbergrauer, ganz zarter Ball auf einem Löwenzahnstiel. Und dieser gestielte Ball leuchtete jetzt oben auf dem Schrank. Er war gar nicht mehr gelb, er war silberweiß, und man konnte ihn einfach nicht übersehen.

Der Junge sah den verwandelten Löwenzahn als Erster. Er holte die Mutter, und die Mutter holte den Löwenzahn vom Schrank.

»Kaum zu glauben«, sagte sie. »Und ich wollte ihn neulich schon wegwerfen, als er so armselig verwelkt aussah!«

Und dann gingen sie und der Junge hinaus vor das Haus und pusteten alle Schirmchen von dem Löwenzahnkopf. Da flogen sie mit dem Wind hoch und weit fort, und jedes Schirmchen trug ein Samenkorn.

»Wünschen wir ihnen einen guten Flug«, sagte die Mutter. »Und dass möglichst viele von ihnen ein Stückchen Erde finden, wohinein sie Wurzeln schlagen können!«

»Ja«, sagte der Junge. »Und im nächsten Frühling pflück ich dir wieder einen gelben Löwenzahn. Der ist dann vielleicht aus einem solchen Silberschirm gewachsen.«

»Ganz gewiss«, sagte die Mutter. »Ich freu mich schon drauf!«

Das ist eine wahre Geschichte. Jeder kann sie nachprüfen, der einen verwelkten Löwenzahn im Glas nicht fortwirft, sondern wartet, bis die Schirmchen wachsen.

SCHILFVOGEL

Die grünblaue Luftmatratze wiegte sich und scheuerte am Schilf. Der See war glatt und weiter draußen hell und strichig. Heinz steuerte das Fahrzeug mit einem Paddel tiefer in den Irrgarten des Schilfes. Der Himmel war hell blaugrün, mit Rosa durchmischt, und die Wolken hatten goldene Ränder. Aus einer Wolke brach ein Stern aus Strahlen der Abendsonne. In tausend kleine rote Wellen zerstückelt, die, in einer Reihe hintereinander aufgefädelt, sich hoben und senkten, schien die Sonne im Wasser zu schwimmen, und gleichzeitig konnte man sie oben am Himmel sehen. Das Luftmatratzenboot glitt weiter, fuhr in einen schmalen Wasserweg ein. Zu beiden Seiten wuchs Schilf.

»Glaubst du, werden wir einen Silberreiher sehen?«, flüsterte Helga dem Bruder zu.

»Ich weiß nicht«, antwortete Heinz. »Vielleicht noch weiter drin!«

Der Schilfkanal wurde nun ganz schmal. Das Schilf zu beiden Seiten des grünblauen Bootes bog sich und zischte, und das Boot drückte die hohen Halme unter das Wasser nieder. Helga wurde es ein wenig unheimlich in dem Dickicht, in dem es glukste und in das sie so unbekümmert eindrangen, ohne zu fragen.

Heinz drückte das Boot an einem Strunk vorbei, der im Wasser ertrunken war. Blasen stiegen auf, als sie vorüberkamen. Dann war der schmale Schilfweg zu Ende, und vor ihnen breitete sich eine kleine runde Wasserfläche aus, rundum von grünen Schilfmauern umschlossen.

»Jetzt sind wir gefangen«, flüsterte Helga.

Das Schilf wurde lebendig. Nicht so lebendig, wie Gras lebendig ist oder Schilf, das man abreißt an einem heißen Sommertag, um es mit nach Hause zu nehmen. Das Schilf hier draußen war das einsame Schilf, fern vom lauten Strand. Das Schilf hier draußen im See, zu dem die Kinder in ihrem grünblauen, mit Luft gefüllten Boot gefahren waren, begann zu tanzen. Das Wasser stieg bis in den Himmel hinauf, man konnte nicht mehr sehen, wo das Wasser begann und wo der Himmel. Das Boot schwebte, und das Schilf tanzte. Eine Gruppe von Halmen hatte abgeknickte Arme, und dort, wo die Spitzen das Wasser berührten, lief plötzlich zitternd, wie schwarze Schlänglein, das Spiegelbild der Schilfhalme hinunter in die Tiefe. Heinz setzte sich neben seine Schwester und legte ihr den Arm um die Schultern. Es wurde ihr ein bisschen weniger bang.

»Fahren wir weiter?«, fragte Heinz leise. Helga nickte.

Sie überquerten den Zauberspiegelsee und fuhren auf die grüne Mauer los, die auf der anderen Seite lag, und als sie näher kamen, merkte Helga, dass hier wieder ein schmaler Weg noch tiefer ins Schilf führte. Heinz steuerte darauf zu.

»Wir fahren noch weiter«, sagte er. »Oder willst du zurück?«

Helga fürchtete sich, aber sie schüttelte den Kopf.

Wieder fuhren sie durch das rauschende Grün. Die Halme bogen sich, als das Boot an ihnen vorüberglitt, und warfen weiße Flöckchen herunter. Die Flöckchen senkten sich langsam und berührten die Haut und die Haare der Kinder, und eines fiel Helga auf die Wimpern, und Helga wischte es nicht fort. Sie atmete leise und heftig.

»Pluit, pluit, pluit!« Ein heller, scharfer, hoher Ruf. Was war das?

Heinz legte den Finger auf die Lippen. Er schob das Boot ganz leise vorwärts. Das Schilf öffnete sich, und die Kinder erblickten unweit ein Stück Seeufer. Aber dort war kein Mensch.

Platsch!

Es rührte sich etwas.

Es kam jemand daher. Ein Wesen auf langen, himmelblauen Beinen. Es war weiß und hatte blaue Streifen auf dem Rücken und einen schmalen weißen Hals und auf dem Kopf blaue Federn. Und das Seltsame war der Schnabel, lang, mit der Spitze nach oben gebogen. War das ein Vogel?

Es musste ein Vogel sein. Zumindest sah es einem ähnlich. Dann kam ein zweiter. Platsch! – in dem seichten Uferwasser hob er die himmelblauen Beine, platsch! – und senkte sie wieder ins Wasser.

Und dann bohrte er den Schnabel in den Grund und zog etwas Kleines, Zappelndes heraus und verschluckte es. Und dann sah er den Gefährten.

Die Kinder hielten den Atem an. Der eine Blaubeinige näherte sich dem anderen, und – Helga umklammerte die Hand des Bruders – jetzt trippelten die beiden voreinander, verbeugten sich und machten einen Knicks. Und wieder einen. Und dann kreuzten sie die Schnäbel, verzauberte Prinzen, die die Degen kreuzen.

»Werden sie kämpfen?«, flüsterte Helga.

Der Bruder legte den Finger auf den Mund.

Die beiden Prinzen aber trippelten und tänzelten voreinander, und das Kreuzen der Degen war nur ein Spiel. Oder waren das ein Prinz und eine Prinzessin? Waren sie Braut und Bräutigam, die sich hier zu einem Spaziergang getroffen hatten? Helga wusste nicht, dass sie lächelte, aber es war plötzlich alles gut und das Schilf nicht mehr unheimlich, sondern nur noch verzaubertes Märchenland.

Hatten die Tiere das Boot gesichtet? Hatte ein Laut sie erschreckt, oder spürten sie die Nähe der Menschenkinder? Sie schlugen plötzlich beide heftig mit den Flügeln und flogen davon, weiße Vögel mit blauer Zauberschrift auf den Flügeln.

»Komm«, flüsterte Heinz. »Wir müssen zurück.«

»Noch nicht.«

»Ist dir nicht kalt?«

»Nein.«

Sie bemerkten eine kleine Insel in der Nähe und fuhren an sie heran.

»Waren das Silberreiher?«, fragte Helga ihren Bruder.

»Ich glaube nicht. Ich hab schon Reiher gesehen. Die waren anders.« Sie fuhren um die Insel herum, aber sie fanden kein Tier mehr.

»Wir müssen zurück.«

Das Boot glitt den Weg zurück, den es gekommen war, das Schilf rauschte, die Flöckchen flogen.

Als sie aus dem Dickicht waren, ruderte Heinz mit dem Paddel die Luftmatratze zum Ufer.

»Rasch Kinder, kommt! Wir haben schon alles eingepackt. Zieht euch um, wir müssen fahren.«

Umhüllt vom blauen Nebel der Auspuffdämpfe kroch die Kolonne der Autos in die Stadt zurück.

Fridolin im Heu

Fridolin ging die Wiese hinunter zum Bach und ging den Bach entlang zum Misthaufen. Dort saß ein Hahn, aber er krähte nicht. Der Hahn äugte nach Fridolin, und Fridolin machte, dass er weiterkam. Er kam zu einem großen Tor, und in dem Tor saß eine kleine Katze.

Die Katze ging durch das Tor in die Scheune hinein und auf den Heuboden.

Fridolin ging der Katze nach.

Das Heu wurde immer höher, ein ganzer Berg. Es kitzelte, aber es war weich und man konnte darin herumhopsen.

Fridolin sprang im Heu herum. Die Sonne schien hell durch das Dachbodenfenster.

Am Heubodenfenster saß eine Maus.

Aber sie war gleich wieder fort.

Fridolin setzte sich nieder und lehnte sich gegen das Heu und wartete, dass die Maus wiederkam.

Hinter Fridolin raschelte es. Als er sich umwandte, war es ein Huhn. Als das Huhn ihn sah, gackerte es laut, schlug mit den Flügeln und flatterte gegen das Fenster. Es flatterte auf das Fensterbrett und flatterte hinaus.

Die Maus kam nicht zurück. Aber neben Fridolin im Heu lag plötzlich etwas Rundliches, Weißes, und das war ein Ei.

Fridolin schaute sich das Ei an. Er hielt es ganz vorsichtig. Eier zerbrechen leicht. Er durfte daheim kein Ei anfassen, und jetzt hatte er ein Ei. Ein Ei im Heu.

»Ein Ei im Heu! Ein Ei im Heu!«, sang Fridolin.

Er rollte das Ei zwischen den Händen. Er legte es vorsichtig auf den Heuboden-Boden, dort, wo nur ganz wenig Heu lag, und schubste es vorsichtig. Es rollte nur zwei Heuhalme weit. Fridolin gab dem Ei einen stärkeren Schubs. Es rollte ein Stück weiter und zerbrach überhaupt nicht.

»Fridolin!«, rief unten die Mama. »Fridolin!«

Fridolin rührte sich nicht.

»Fridolin! Fridolin!«

Fridolin krabbelte auf. Er ging an dem großen Heuberg vorüber und da war schon das große offene Tor, das direkt aus dem Oberstock der Scheune ins Freie auf den Fahrweg führte. Fridolin blinzelte in die Sonne und lief zu den Eltern.

»Wo hast du denn gesteckt, Fridolin? Du musst immer gleich kommen, wenn man dich ruft, hörst du? Du bist ja voll Heu! Woher hast du denn das Ei? Du darfst nicht auf den Heuboden gehen, Fridolin, von dort kann man herunterfallen!« »Nein«, sagte Fridolin.

»Und gib das Ei her.«

»Nein«, sagte Fridolin. Er streckte die Hand aus und ließ das Ei auf den steinigen Fahrweg fallen. Und da lag es nun, zerplatzt und seltsam fremd.

Fridolin begann zu heulen.

WIE UND WARUM MAN EINEN HOLZWURM VOR DER VERTILGUNG BEWAHRT

In der Nacht klopfte er. Er klopfte ganz zart und leise, wie man anklopft, wenn man eigentlich nicht stören will; oder wie man anklopft, wenn man beinahe sicher weiß, dass niemand im Zimmer ist.

So hat mein Holzwurm anfangs geklopft.

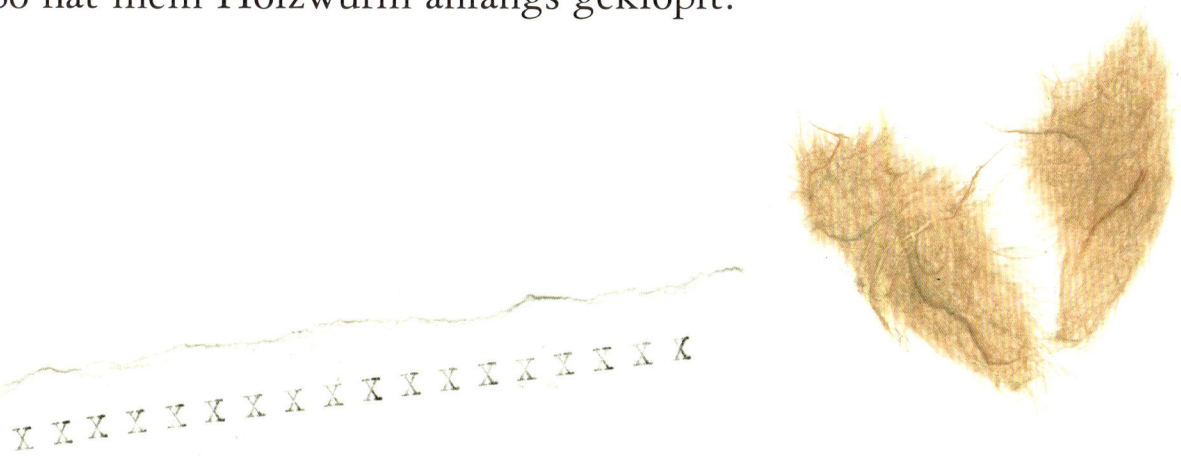

Anfangs, das war vor sieben Jahren. Damals wohnten wir zum ersten Mal in dem Zimmer bei unserem Bauern. Jetzt fahren wir jedes Jahr für ein paar Wochen hin.

Das Zimmer hat Warm- und Kaltwasser und eine Dampf-Zentralheizung und neue Möbel. Niemand kommt auf die Idee, dass darin ein Holzwurm wohnen könnte. Er wohnt im Tisch.

Wir hatten einmal einen Holzwurm daheim in einer alten Truhe. Die alte Truhe haben wir uns gekauft, weil sie uns so gut gefiel. In dieser Truhe war kein einziger Eisennagel. Auch keine Säge war jemals an das Holz gekommen. Diese Art von Truhen ist aus Brettern gemacht, die man mit einer Hacke in die richtige Länge gehackt und dann zusammengefügt hat wie ein Blockhaus im Wilden Westen. Solche Truhen sind sehr alt, und in der Dämmerung oder im Kerzenlicht sehen sie aus, als säße dort ein kleiner dicker Bär mit eingezogenem Kopf auf vier dicken Pfoten.

Um auf den Holzwurm zurückzukommen: In der Truhe wohnte einer. Der war ein leiser, man hörte ihn nicht. Aber er warf kleine helle Häufchen von Holzmehl aus seinen Ganglöchern. Jedes Loch war so groß wie ein kleiner Stecknadelkopf, und das Holzmehlhäufchen etwas größer als eine Spalterbse. Die Häufchen sahen aus wie winzige Maulwurfshügel. Erst wischten wir sie weg. Aber unser Holzwurm baute täglich neue, drei oder vier. Wir hatten unsere Truhe gern, und der Holzwurm, der nichts tat als lautlos und immerzu bohren und fressen, musste weg. Wir gaben die Truhe zum Entholzwurmen, und dann war Ruhe. Niemals mehr zeigte sich ein Holzmehlhäufchen.

Der Holzwurm, der jetzt im Tisch wohnt, ist ein anderer. Der Bauer und die Bäuerin kennen ihn nicht. Woher auch? Sie wohnen ja nicht im Zimmer für Sommergäste.

Die Leute, die vor uns dieses Zimmer gemietet hatten, waren alt und schwerhörig. Die hatten nichts gemerkt. Und Holzmehlhäufchen macht unser neuer Holzwurm seltsamerweise nicht.

Aber er klopft.

Zuerst hörte ich ihn, als ich eines Abends das Licht ausgeknipst hatte und noch nicht schlief.

Eine Zeit lang spielte er Uhrticken. Dann schien es ihm langweilig zu werden, und er tickte und klopfte mit vielen Pausen dazwischen. Ich kann die Holzwurmklopfsprache nicht, aber ich glaube, es ist ein zufriedener Holzwurm. Er hat es nie eilig. Er klopft gemütlich, rastet aus, denkt vielleicht nach, klopft wieder.

Jemand hat mir erzählt, dass er auch einen Holzwurm kannte. Der wohnte in einem Sessel. Und eines Tages zerbrach der Sessel, weil er innen von lauter Holzwurmgängen ausgehöhlt war. Und als der Sessel zerbrach, kam der Holzwurm hervor: bleichgelblich, zierlich, mit einer kleinen Totenkopfzeichnung vorn an der Stirn. Vielleicht nennt man ihn auch deshalb Totenwurm.

Ein wenig unheimlich ist das, wenn man nicht schlafen kann und da klopft einer. Leise und beharrlich. Klopft.

»Gscht«, kann man sagen. Oder Krach machen. Dann ist er still. Aber man kann nicht immerzu Krach machen oder »Gscht« sagen. Irgendeinmal ist wieder der Holzwurm dran.

Mein Holzwurm, der im Tisch, scheint kein Totenwurm zu sein. Das ist ein Lebenswurm.

In einem Sommer hatte ich die Schreibmaschine mit aufs Land genommen und wollte ein Buch schreiben.

Und ich schrieb dieses Buch hauptsächlich bei Tageslicht, weil die Glühbirne im Zimmer so hoch hängt, dass das Licht am Abend zu schwach zum Arbeiten ist. Und die Bettlampe wackelt immer, wenn man sie auf den Tisch neben die Schreibmaschine stellt. Ich schrieb also bei Tag.

Der Holzwurm muss das gehört haben. Vielleicht hab ich ihm, ohne es zu wissen, auf den Schreibmaschinentasten irgendeine Botschaft zugeklopft. Jedenfalls: Jetzt klopfte der Holzwurm bei Tag. Er antwortete mir, als wäre ich ein Holzwurm, dem man etwas mitteilen muss.

Ich kann recht gut und schnell maschinschreiben. Ich tippte also eine Weile ununterbrochen und gleichmäßig und spannte dann den Bogen aus.

Und da klopfte der Holzwurm in die Stille hinein.

Er klopfte gemütlich, nicht so hastig wie ich. Er machte immer Pausen. Dann klopfte er mir ein Lied vor. Er muss seine Lieder klopfen, weil er ja nicht singen kann. Das macht aber nichts. Verstanden hab ich ihn.

Ich versuchte, in der Holzwurmsprache zurückzuklopfen. Dann klopfte wieder er.

Seither sind wir befreundet. Er klopft jetzt auch bei Tag, und das hat er früher nie getan. Er fühlt sich sicher.

Niemand wird sich wundern, dass ich diesen Holzwurm den Leuten im Haus nicht verrate. Soll er den Tisch fressen, er frisst seit sieben Jahren daran, und der Tisch ist noch nicht ein kleines bisschen wackelig.

Einmal kam die Bäuerin mit einem Krug voll Milch ins Zimmer. Wir unterhielten uns eben, der Holzwurm und ich. Er war grad dran mit Klopfen. Und damit die Bäuerin es nicht merkte, sagte ich: »Danke schön für die Milch, ich trink sie später, ich muss das nur schnell zu Ende schreiben«, und fing an, auf der Maschine zu klopfen.

So hörte meine Bäuerin den Holzwurm nicht.

Wenn mein Holzwurm eines Tages nicht mehr klopft, werde ich denken, dass ihm Flügel gewachsen sind und dass er fortgeflogen ist. (Das tun die Holzwürmer, wenn sie ausschlüpfen.) Vielleicht in den Wald. Wenn ihn dann der Specht kriegt, ist das seine Sache. Ich wünsche ihm jedenfalls alles Gute.

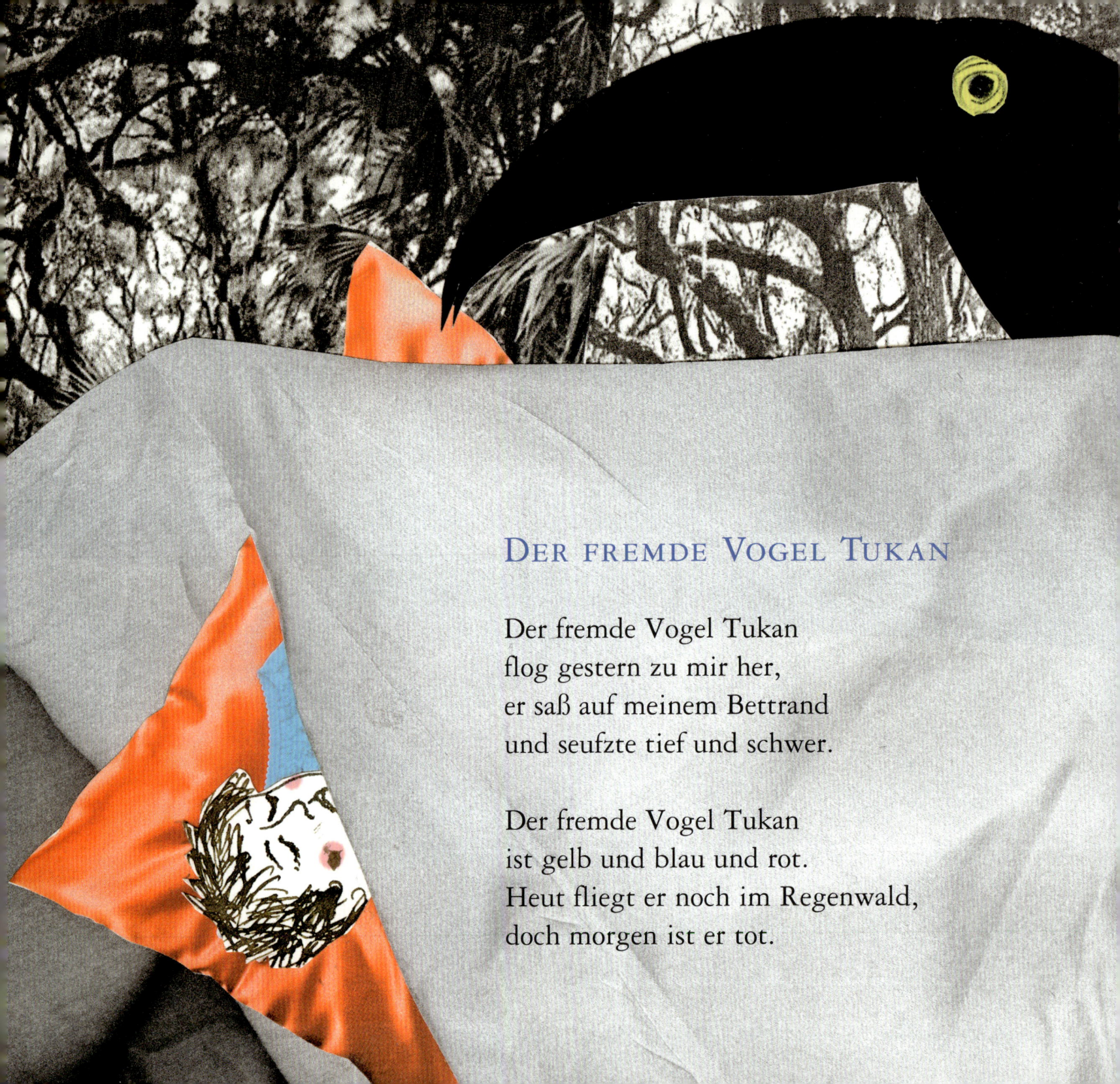

Der fremde Vogel Tukan

Der fremde Vogel Tukan
flog gestern zu mir her,
er saß auf meinem Bettrand
und seufzte tief und schwer.

Der fremde Vogel Tukan
ist gelb und blau und rot.
Heut fliegt er noch im Regenwald,
doch morgen ist er tot.